Heinrich Kemner · Sei mir ein starker Fels

Heinrich Kemner

Sei mir ein starker Fels

Erlebnisse und Gedanken

lesefreundlich

mediaKern

Bibliografische Information der Deutschen Nationalbibliothek
Die Deutsche Nationalbibliothek verzeichnet diese Publikation in der Deutschen Natinalbibliografie; detaillierte bibliografische Daten sind im Internet über http://www.dnb.de abrufbar.

ISBN 978-3-8429-2648-6

Bestell-Nr. 5.122.648

Umschlagbild: Getty Images / photopulse
Umschlaggestaltung, Layout, Satz: Ch. Karádi
Textauswahl und Lektorat: Dr. Ulrich Parlow
Gesamtherstellung: Drukarnia Dimograf, Bielsko-Biała, Polen
Printed in the EU 2018

www.media-kern.de

Zum 25. Todestag von Heinrich Kemner

(19. Juni 1903 – 13. Juni 1993)

Inhalt

Vorwort 9

Entweder oder 11

Glühende Retterliebe 14

Christus, unser Friede 18

Ich suche die Brüder 22

Holzschuhgeklapper 27

Sei mir ein starker Fels 30

Es eilt die Zeit, die Jahre fliehn 33

Erfüllen wir Gottes Willen? 40

Begegnungen mit Corrie ten Boom 44

Dienst oder Nachfolge? 53

Wie reagieren Christen? 58

Das göttliche Kind 61

Die Stunde verschlafen 64

Rabbuni 67

Der Marschkompass 70

Die heilsame Not 74

Vorwort

Heinrich Kemner ist nicht nur der Gründer von »Krelingen« gewesen, sondern auch ein begnadeter Schriftsteller. Ihn zu lesen ist auch ein Vierteljahrhundert nach seinem Heimgang durchaus gewinnbringend und ein Vergnügen. Die kurzen Geschichten und Gedankenanstöße schaffen es im Nu, uns zu packen und anzurühren; lebendig und kraftvoll kommen sie daher, nicht blutleer am Schreibtisch erdacht. Auf Christus hinzuweisen, wird Kemner nicht müde und lässt uns dabei immer wieder teilhaben an seinem ereignisreichen und spannenden Leben und Dienst.

Lassen Sie sich einladen zu einer kurzweiligen »Lesereise«!

Der Verlag

Entweder oder

»Er ging traurig davon«, so endet die Geschichte von dem reichen Jüngling (Markus 10,17–27). Mit welch großen Erwartungen war er zu Jesus gekommen. Er sprach ihn auf offener Straße an. Er lief herzu und kniete vor ihm nieder. Er stellte die einzige Frage, die in unserem Leben von Bedeutung ist: »Was soll ich tun, damit ich das ewige Leben ererbe?« Er war ehrlich genug, um zu entdecken, dass Reichtum und Ansehen, Titel und Würden dem Leben noch keine letzte Erfüllung geben. Viele fromme Klimmzüge hatte er geschafft. Er hatte die Gebote weithin gehalten und Jesus erkennt das an. Aber bei der Überprüfung durch das Auge Jesu zeigt sich der verborgene Schade. Jesus sagt: »Eines fehlt dir. Geh hin, verkaufe alles, was du hast, und gib's den Armen und komm, folge mir nach!«

Die Entscheidung bestand also darin, dass er die Jüngerschaft nur finden konnte, wenn er seinen Geldsack losließ. Diese Entscheidung konnte er nur finden, wenn Jesus ihm mehr wert war als sein ganzer Besitz. Paulus sagt von Jesus Christus, dass in ihm verborgen liegen alle Schätze der Weisheit und der Erkenntnis. Glückselig, wem diese Erkenntnis geschenkt wird.

Man könnte fragen, ob Jesus ihm nicht den Ernst der Entscheidung hätte leichter machen können. Anders gesprochen: Ob man in solchen Augenblicken, wo alles auf dem Spiel steht, nicht einen Kompromiss machen kann. Viele tun das, sie leben ein unverbindliches Christentum. Sie entdecken niemals die Diamantengrube in der Person Christi. Wie recht hat doch Hermann Bezzel, wenn er sagt, dass Gott seine Ewigkeitsgeschichte in jedem Leben entweder an der schwächsten Stelle oder überhaupt nicht anfängt. Hat er sie bei dir angefangen? Da, wo in unserem Leben an der schwächsten Stelle durch die Begegnung mit Jesus die Sünde sündig wird, gibt es kein Sowohl-als-auch, gibt es nur ein Entweder-oder.

Eine Kette ist nicht stärker, als ihr schwächstes Glied ist. Die Zeugniskraft der Nachfolge hat nur dann Gewicht, wenn der Herr uns an der schwächsten Stelle im Griff hat. Das ewige Leben findet man nur, wenn man den Bezug wechselt. Wir können deshalb die Bekehrung nicht billiger machen, als sie ist.

Warum bleiben von den vielen, die durch die Botschaft angesprochen werden, oft so wenige in der Nachfolge? Darum, weil man im Grunde nicht in die Vertauschung einwilligt. Dies Vertauschen bedeutet, dass es keine Nachfolge gibt ohne den Wechsel im Lebensinhalt. Wir können nicht Jesus und den Süchten dienen. Unser Geld ist falscher Anspruch, wenn wir in ihm den Lebensinhalt suchen.

Der reiche Jüngling hat die Entscheidung verpasst. Jesus ist ihm nicht nachgegangen, er hat ihn nicht in die Nachfolge gedrängt. Die Wahlentscheidung in der Begegnung mit Jesus ist die einzige Freiheit, die zur Debatte steht. Wer sie einmal völlig gefunden hat, findet in Jesus das Geheimnis des ewigen Lebens hier und dort.

Glühende Retterliebe

Eine mir bekannte Familie erhielt im letzten Kriege mit der Nachricht, dass der Sohn gefallen sei, folgendes Begleitschreiben von dem Hauptmann der Kompanie: »Ihr Sohn hat nach der letzten Schlacht unter eigener Lebensgefahr aus dem Niemandsland zwischen den Fronten acht sterbende Soldaten geholt. Als er den neunten holen wollte, gab ich ihm den dienstlichen Befehl, das nicht zu tun. Ich sagte ihm, er habe auch nur ein Leben. Seine Antwort war: ›Irrtum, Herr Hauptmann, ich habe ein doppeltes Leben. Erst wenn ich dieses Leben ganz verloren habe, habe ich das ewige völlig gewonnen.‹«

Um uns herum ist eine sterbende Welt. Wir hören das Todesröcheln, wenn wir es nicht überhören wollen, jeden Tag. Was können wir tun? Sollen wir zusehen und über das Elend der Welt jammern und klagen? Damit verändert sich nichts. Sollen wir noch linker als links werden und mit prophetischem Pathos den Kapitalismus anklagen und uns in die Utopie einer klassenlosen Gesellschaft flüchten? Ich kann verstehen, dass unsere Jugend weithin nichts mehr glaubt. Wenn die Mitmenschlichkeit nicht Tat wird, ist sie gelebte Lüge. Was sollen wir tun? Wer wirklich etwas tut, bekommt selten Dank oder Belohnung. Sozialistisch reden und sozial handeln sind zweierlei.

Aber soweit wir Christen sind und nicht nur den Namen tragen, ist unser Einsatz für den anderen von der glühenden Retterliebe Gottes bestimmt: »Also hat Gott die Welt geliebt, dass er seinen eingeborenen Sohn gab!« Kannst du bei dieser Tat Gottes die Welt ihrem Schicksal überlassen? Als Mathilda Wrede, der Engel der Gefangenen, in Sibirien den heiligen Auftrag in der Dienstverpflichtung Gottes bekam, liebte sie einen Raubmörder zu Christus hin. Als Bodelschwingh Erntearbeiter anheuerte, kam er wie zufällig unter die Botschaft: »Bittet den Herrn der Ernte, dass er Arbeiter in seine Ernte sende.« Er packte sein Bündel und baute Bethel. Wenn in jungen Jahren Vater Bodelschwingh in unser Dorf zu seinem Sohn kam, der bei uns Pfarrer war, wirkte das auf uns wie ein Signal. Wir liefen wie Schafe hinter dem Hirten her. Ich habe nie einen Mann gesehen, der so Christus ausstrahlte wie er. Er lebte, was er sagte: »Ein Körnchen Liebe ist mehr wert als ein ganzer Sack voll Gold.«

Das Wort der Hagar, die ihren Sohn in der Wüste sterben sah, kommt mir oft in den Sinn: »Ich kann nicht ansehen des Knaben Sterben.« Kirche Jesu Christi, kannst du in Erbaulichkeit und Beschaulichkeit, in Resignation oder Verzweiflung, in einer sterbenden Welt ruhig schlafen? Jener Unteroffizier konnte nicht alle Kameraden zwischen den Fronten wegholen, aber er konnte noch einige retten. Er verlor sein Leben für andere, das war seine Ehre.

Was ich mir und unserem Werk erbitte, ist glühende Retterliebe, ist nicht Diskussion oder Debatte, sondern Einsatz und Tat. Im Jüngsten Gericht werden wir nach dem Einsatz des Glaubens beurteilt. Die glühende Retterliebe verlangt Einsatz und Opfer. Wir dienen und opfern um Jesu willen. Hier hat Krelingen seinen Platz, seinen Auftrag und seine Sendung für Kirche und Volk. Warum »glühende Retterliebe«? Wissen wir um die Erlösung und leben sie, dann sind wir Schuldner Gottes. Ferner bedeutet glühende Retterliebe nicht emotionale Bewegtheit und Leidenschaft, auch nicht in dem Gedanken, was wird mir dafür, sondern sie lebt aus der heiligen Unruhe: »Ich kann nicht ansehen des Knaben Sterben.« Auch der andere ist von Jesus für den Himmel erkauft, sollte uns da ein Opfer zu schade sein? Jeder Mensch ist so viel wert, wie Gott im Kreuz seines Sohnes für ihn bezahlt hat.

Christus, unser Friede

Vor Jahren hatte ich in Afrika über das Lukas-Wort gepredigt: »Meint ihr, dass ich gekommen bin, Frieden zu bringen auf Erden? Ich sage euch: Nein, sondern Zwietracht« (Lukas 12,51). Die Botschaft wurde in die Bantusprache übersetzt. Da kam nach der Versammlung ein Häuptling mit seinem Gefolge zu mir und sagte: »Das ist doch ein Widerspruch! Die Engel haben doch gesungen: Friede auf Erden. Und Jesus hat gesagt, als er zum Kreuz ging: Frieden lasse ich euch, meinen Frieden gebe ich euch. Nicht gebe ich euch, wie die Welt gibt. Euer Herz erschrecke nicht und fürchte sich nicht. Glaubt an Gott und glaubt an mich!« (Johannes 14,27; 14,1). Meine Antwort war: »Sie haben recht. Der scheinbare Widerspruch löst sich auf, wenn Sie Jesu Jünger werden.« Ich fragte ihn: »Folgen Sie Jesus nach?« Er bejahte meine Frage. Ich fragte weiter: »Als Sie zum Glauben an Jesus kamen, gab es da keine Schwierigkeiten?« Er antwortete mir: »Da kam die schwierigste

Lage meines Lebens. In meiner Familie und Sippe, in meinem Stamm wäre fast ein Aufruhr gekommen.« – »Sehen Sie«, war meine Antwort, »wenn wir zum Frieden kommen mit unserem Gott, dann leben wir aus einer Wirklichkeit, die unsere Nächsten, wenn sie ungläubig sind, nicht verstehen. Der Friede mit Gott führt in den heiligen Krieg.«

Wenn gegenwärtig in der ganzen Welt die Friedensbewegungen wachsen und die Sehnsucht nach dem Friedefürsten, der die Welt äußerlich zur Ruhe bringt, immer größer wird, so dürfen wir als Christen nicht vergessen, dass kein Mensch mit irdischer Kraft Frieden bringen kann. Wenn ich die Bibel recht lese, wird diese Welt, je näher sie ihrem Ende kommt, immer friedloser. Jesus hat gesagt, dass vor seiner Wiederkunft Krieg und Kriegsgeschrei in der ganzen Welt sein werden. Es ist die Freiheit, die Gott den Menschen gegeben hat, dass sowohl das Böse wie das Gute, das Heilige und das Dämonische ausreifen müssen als Wahrheit und Lüge. Gott gebiert sich seine Kirche auf geschichtlichem Wege, und so vollendet er sie auch.

Wer immer unter dem Kreuz Christi seinem Gott begegnet ist und seine Vergangenheit in Ordnung weiß, ist in die wahre Friedensbewegung eingetreten. Er bezeugt in Leben, Wort und Wandel, dass die Voraussetzung für den Frieden nur in Buße und Bekehrung zu finden ist. Die rechte Friedensbewegung unserer Kirche muss eine Erweckungsbewegung werden. Nur wer den unheimlichen Bruch im eigenen Leben, den Abgrund von Sünde und Schuld in der Kraft des Kreuzes Christi überwindet, ist ein Friedensbote der Ewigkeit in der Zeit. Wer den Frieden gefunden hat, den Jesus mit dem angeführten Wort meint, macht eine wunderbare Entdeckung. Wenn er aus der Glaubensmitte in Jesus Christus lebt und in der Verbindung mit ihm durch Alltag und Sonntag geht, entdeckt er, dass dieser Friede nicht abhängig ist von äußeren Umständen. Man kann mitten in Krankheit und Not, mitten unter Verfolgung und Anfechtung, ja mitten im Krieg doch im tiefsten Frieden leben. Der Friede mit Gott ist stabilisiert in dem gekreuzigten und auferstandenen Christus selber. Wenn unser Volk zurückfände in diesen Frieden, der in Christus angeboten wird, dann würden wir geadelt zur wahren Friedensbewegung und die Verheißung würde sich erfüllen. Unser Friede würde sein wie ein Wasserstrom und unsere Gerechtigkeit wie Meereswellen.

Es ist unser Gebet, dass nicht nur viele Menschen unter die Botschaft kommen, sondern dass unter der vollmächtigen Verkündigung viele durchbrechen aus dem Krieg zum wahren Frieden. Wer immer noch zwischen den Fronten lebt, den wollen wir einladen, den Frieden anzunehmen, der höher ist als alle Vernunft, der sich in Christus als zeitliche und ewigkeitliche Wirklichkeit erfüllt: »Drum kann nicht Friede werden, bis Jesu Liebe siegt, bis dieser Kreis der Erden zu seinen Füßen liegt.«

Lebst du mit dir selber im Krieg, fühlst du dich eingeigelt von Menschen, die dein Leben oft unerträglich zur Hölle machen, dann vergiss nicht, wer im Hass lebt, ist bettelarm. Wer Frieden mit Gott hat, hat in einer friedelosen Welt den Auftrag, zu dem einzuladen, von dem schon Jesaja sagt: »Er heißt Wunder-Rat, Gott-Held, Ewig-Vater, Friede-Fürst« (Jesaja 9,5).

Ich suche die Brüder

Einen nicht unbedeutenden Mann der Kirche, der seinen Glauben im Konzentrationslager bewährt hatte, fragte ich einmal, was ihm die schwerste Belastung gewesen sei. Ich hatte erwartet, dass er mir die Schikanen seiner Gegner berichtete. Aber er sagte nur kurz, was Paulus auch in seinem Leidenskatalog erwähnt: »Unter falschen Brüder.« Das Wort hat mich damals sehr getroffen. Wenn man von Brüdern enttäuscht wird, ist das wohl die schwerste Enttäuschung, die es gibt. Man meint offenbar, dass man aufgrund der Blutskette und der gleichen Familie genügend rückversichert ist vor Verrat und Enttäuschung.

Da geht mit einem freudigen Herzen Josef, auf Wunsch seines Vaters Jakob, in die Weidegegend bei Sichem, um seine Brüder zu besuchen. Er rechnet mit einem herzlichen Empfang. Aber was passiert? Die Brüder machen einen Anschlag auf sein Leben. Der Neid auf den Liebling des Vaters macht sie fähig zu einer gemeinen Tat. Ein Mordanschlag wird geplant und nur durch die Führung Gottes entgeht er ihm auf abenteuerlichen Wegen und wird der erste Mann in Ägypten. Als die Brüder später in der Not Getreide von ihm holen müssen und Josef sie fragt: »Wer seid ihr?«, antworten sie: »Wir sind redliche Leute.«

Ihre verlogene Existenz ist ohne jede Sündenerkenntnis. Die Brotfrage für den Leib ist ihnen wichtiger als das Brot für die Seele. Wenn Gott nicht die Korrektur geschenkt hätte, wäre Jakob schweren Herzens gestorben. Aber so konnte er seufzen: »Herr, ich warte auf dein Heil!«

Während Josef nun in der Gegend um Sichem herumirrt und die Brüder sucht, fragt ihn ein Mann am Wege: »Was suchst du?« Er antwortet: »Ich suche meine Brüder; sage mir doch, wo sie hüten.« Er gibt ihm Bescheid und Josef erreicht sie bei Dotan, wo er entdecken muss, zu welchen Schandtaten Brüder fähig sind.

Auch in der Kirche und Glaubensfamilie sind es bittere Stunden, wenn man von Brüdern enttäuscht wird. Die Selbstzerfleischung der Kirche und Gemeinde Jesu hemmt die Vollmacht der Botschaft mehr als die Widerstände der Hölle. Die Vollmacht unserer Verkündigung wird dadurch mehr belastet, dass wir das achte Gebot übertreten und die Bruderschaft verletzen, als wenn der Feind uns irgendwo überrundet. Die geheimen Verschlagenheiten und Vorbehalte in der geistlichen Bruderschaft sind die gefährlichsten Lähmungen des Evangeliums und das wichtigste Potenzial des Feindes. Sicherlich muss man mit den Brüdern im Bekenntnis übereinstimmen. Die Bindung an den Gekreuzigten und Auferstandenen muss absolut sein. Aber über den Stellenwert anderer Fragen kann man verschiedener Meinung sein. Das braucht die Bruderschaft nicht zu stören. Gefährlich wird es immer, wenn man die Rangordnung verschiebt. Noch gefährlicher wird es, wenn man in der geistlichen Bruderschaft, in den Gruppen, die in der Uniform etwas anders, aber doch demselben Herrn hörig sind, im geistlichen Fanatismus diesen etwas anhängt. Jeder geistliche Fanatismus, der in der Verteidigung das Glaubenszeugnis vermissen lässt und dem die suchende Barmherzigkeit auch für die irrenden Brüder fehlt, betrübt den Heiligen Geist und hat seinen Lohn dahin.

Josef suchte die Brüder, die ihn in die Grube warfen und ihn nach Ägypten verkauften. Er hat sie gesucht, trotz ihrer Schandtaten, bis er sie wiederfand und mit ihnen am gleichen Tisch wieder essen konnte. Weil er aber im Tief und Hoch seines Lebensweges sein Gottvertrauen nicht verlor und in der Führungsgewissheit immer fester wurde, wurde sein Leben die größte Erfahrung, das Bekenntnis, das sich mit irrenden Brüdern bewährt hatte und die er durch Gottes Gnade wiederfand: »Sie gedachten es böse mit mir zu machen, aber Gott gedachte es gut zu machen.«

Was können wir aus diesem Bericht über Josef lernen? Ich meine, dass wir im Schuldnertum Christi gebunden und verpflichtet sind, die Brüder auch dann zu suchen, wenn wir ihr Handeln und ihren Weg nicht verstehen. Wir sollten uns nicht in eigenen Erwägungen verleiten lassen, uns einzubilden, dass wir die Geschichte Gottes schreiben. Er schreibt sie bestenfalls durch uns. Er schreibt sie umso gewisser durch uns, je mehr wir das Gebot, das im Kreuz Christi Verpflichtung ist, das Siegel aller Bruderschaft erfüllen, das er selber als Erweis erbracht hat: »Daran wird jedermann erkennen, dass wir seine Jünger sind, wenn wir den Bruder lieben mit der Liebe, mit der Jesus uns geliebt hat.«

Die Stunde ist da, dass die Kirche und Gemeinde Jesu zu dieser Liebe aufbricht, mit der Gott uns geliebt und uns gesucht und gefunden hat. Deshalb vorwärts, Legionäre Jesu! Die einzige Zukunftsperspektive, die uns nicht verbaut werden kann, ist die, die Gott uns seit Ostern als Gewissheit gegeben hat: »Wir werden nicht sterben, sondern leben und des Herrn Werke verkündigen.« Die Frage, wir suchen die Brüder, bestimmt die Richtung unseres Weges. Wo sind sie? Herr, schenke uns die Begegnung mit dem Bruder.

Holzschuhgeklapper

In meiner Jugend wurden auf meinem Elternhof die Talwiesen mit der Sense gemäht. Bei Sonnenaufgang ging man nach einem guten Imbiss mit gedengelten Sensen in die Wiesen. Der niedergeschlagene Nebel machte die harten Gräser weich und erleichterte den Schnitt.

Eines Morgens hatte mein Vater den Schnitt der Talwiesen befohlen. Beim Morgengrauen ratterte der Wecker. Er störte uns den Schlaf. Ich drehte ihn schleunigst ab. Die Glieder waren noch müde von gestern. Die behagliche Bettwärme lähmte den Entschluss zum Aufstehen. Entschuldigungen …

Nach einer Weile klopfte das Mädchen an die Tür: »Es ist Zeit zum Aufstehen, die Sonne scheint bald warm und heiß und der Schnitt wird immer schwerer.« – »Schon gut«, brummten wir und dachten: »Was kann die uns schon befehlen!« Wir drehten uns auf die andere Seite und schliefen weiter. Allerdings war es nur ein unruhiger Halbschlaf.

Endlich wurde der Schritt der Mutter hörbar. Kein Zweifel, nun war der Traum aus. Als die Mutter unmittelbar vor der Tür stand, wurde das letzte Täuschungsmanöver unternommen. Einer von uns bückte sich aus dem Bett, nahm die Holzschuhe, die vor dem Bett standen, und klapperte damit so laut, dass die Mutter annahm, wir wären aufgestanden. Sie kam nicht mehr herein und machte kehrt. Wir lagen noch gemütlich im Bett.

Wie viel Gnade gehört doch dazu, dass ein Menschenherz aus dem Schlaf des Todes und der Hölle erwacht. Wie oft weckt der Wecker Gottes in Wort und Sakrament vergeblich. Wie oft hören wir nur mit halbem Ohr. Wer kennt nicht auch das vernehmliche Anklopfen der Boten Gottes an unserer Haustür: »Stehe auf aus dem Schlaf der Sünde und suche ein neues Leben!« Haben wir da nicht gedacht: Ach, das ist nur der Prediger Soundso, ach, da ist ja die Frau Müller, der Herr Meier oder Schulz, was wollen die uns schon sagen! Ist uns bewusst, dass von jedem Zeugen Gottes, der in Vollmacht ruft, gilt: »Wer euch hört, der hört mich; und wer euch verachtet, der verachtet mich« (Lukas 10,16)?

Und wenn die Stunde der Entscheidung unausweichlich auf uns zukommt, wie versuchen wir auch dann noch Gott und Menschen zu täuschen mit elendem Holzschuhgeklapper, so als ob wir aufgestanden wären?

Da hat man ein Gelübde getan in Stunden der Not. Als die Not vorüber war, versuchte man mit dem lieben Gott einen Kuhhandel zu machen. Dachte man nicht mehr daran: »Opfere Gott Dank und erfülle dem Höchsten deine Gelübde« (Psalm 50,14)? Holzschuhgeklapper!

Oder auch bei den Sammlungen: Man schaut in die Liste und sieht nach, was der andere gegeben hat, der in gleichem Rang und Stand steht. Man gibt für das Reich Gottes und gibt doch nicht. Die Gabe hat keinen Wert. Sie wird sogar zum Fluch. Man gibt nicht Gott, man gibt seiner eigenen Ehre die Gabe.

Sei mir ein starker Fels

In einiger Entfernung von den Niagarafällen steht ein großes Warnsignal. Wer hier weiterfährt, segelt oder schwimmt, ist ein verlorener Mann! Warum? Weil die Sogkraft des Wasserfalles so stark ist, dass keine menschliche Kraft sie überwinden kann.

Es war vor mehr als hundert Jahren ein Schiff in diese gefährliche Breite geraten. Als die Steuerung versagte und keine Rettung möglich war, war die Besatzung von einer namenlosen Panik und Angst befallen. Man trieb dem Abgrund zu. Nichts konnte mehr retten. Kurz vor dem Abgrund rammte das Schiff plötzlich einen Felsen. Wie durch ein Wunder blieb es auf dem Felsen hängen. Es wird berichtet, dass die Besatzung durch die Angst graue Haare bekommen hat. Das Schiff liegt noch heute auf dem Felsen. Mitten im Sog des Abgrundes wurde durch dieses Wahrzeichen die Wahrheit unseres Gotteswortes deutlich.

Können wir das Endgefälle, in dem die Welt heute liegt, mit eigener Kraft noch bremsen oder aufhalten? Ich glaube es nicht. Was ist der Trost und die Gewissheit der Gemeinde Jesu? Ich meine, die gleiche, die Martin Luther hatte, als er sich in getroster Verzweiflung zum Reformator durchrang. Gott handelt in allem Geschehen. Wir können aus dem Gefälle der Zeitströmung nicht aussteigen. Aber wir dürfen die Gewissheit haben, das der Vater den verlorenen Sohn in jeder Lage sieht. Wir dürfen wissen, dass er für alle Lagen vorgesorgt hat. Gott hat in die Strömung des Abgrundes einen Felsen eingebaut. Wenn wir an diesen Felsen unseren Anker werfen, sind wir in allen Lagen unüberwindlich.

Nicht die politische, sondern die geistliche Standortbestimmung ist die vorrangige Aufgabe der Kirche und Gemeinde Jesu. Wir wollen auch in unserem Krelinger Glaubenswerk nichts anderes als ein Zeichen Gottes sein, nicht in Eigenständigkeit, sondern in der triumphalen Gewissheit, dass der Herr Jesus durch sein Kreuz, durch seine Auferstehung in den Sog der Hölle einen Felsen eingebaut hat, der, wenn auch umbrandet, uns vor dem Abgrund bewahren kann.

Das Schiff der Gemeinde Jesu, das seit Pfingsten durch Sturm und Wogen seinen Auftrag erfüllt, wird auch die letzte Zeit vor dem wiederkommenden Herrn sieghaft überdauern. Blickst du furchtsam in die Zukunft, merkst du, dass wir zum Abgrund treiben, und wer merkte das nicht, dann bete mit mir: Herr, sei uns ein starker Fels! Vertraue darauf, wir werden nicht zerschellen, sondern auch wie jenes Schiff an den Niagarafällen auf dem Felsen Gottes landen. Gott hat vorgesorgt für alle Lagen. Wir werden nicht sterben, sondern des Herrn Werke verkündigen.

Es eilt die Zeit, die Jahre fliehn

Die Begriffe »alt« und »jung« decken sich im Menschenleben nicht immer mit der Zahl der Jahre. Es gibt Menschen, die im Alter jung sind wie ein Adler, und Jugendliche, die, vom Leben blasiert, im Grunde müde Greise sind.

Entscheidend für unser Leben ist, ob, wie der Psalmist sagt, wir gepflanzt sind an den Wasserbächen und Früchte bringen zur richtigen Zeit. Die Lebensjahre können gelebte Lügen sein, sagt Hermann Bezzel. Vor Gott zählen nicht Erfolge, sondern die Ewigkeit fragt nach dem Gewicht der Frucht. »Sie kommen mit Freuden und bringen ihre Garben!« Gehören wir auch dazu?

Als ich kürzlich am Sterbebett von Corrie ten Boom stand, wurde die Begegnung mir unvergesslich, weil ich nie eine sterbende Frau sah, die mit über 90 Jahren so reif war für den Himmel wie diese begnadete Evangelistin. Normalerweise erscheint es uns, als ob die Zeitenuhr im Alter sich beschleunigt. Wenn das Ziel aber alles wird und der Weg nichts ist, kann es umgekehrt sein. Bezzel hat recht, wenn er sagt: »Entweder wird man im Alter immer ärmer, wenn man aus dem Eigenen lebt, oder man wird immer reicher, wenn man als Beschenkter ein Geheimnis mit Jesus Christus lebt.«

Normalerweise ist das Alter mit Beschwerden verbunden. Sie machen uns, wenn wir sie aus dem Eigenen bewältigen wollen, leicht mürrisch und verdrießlich. Körperliche Leiden können Gewichte sein, die uns nach unten ziehen und an uns selbst binden. Wenn wir sie aber, wie Paulus, aus der Hand des Herrn nehmen, erfahren wir, dass seine Kraft sich in unserer Schwachheit vollendet. »Unter Leiden prägt der Meister«, diese Gewissheit sollte uns davor bewahren, die Anfechtung körperlicher Gebrechen oder seelischer Beschwerden selber beseitigen zu wollen. Wir sind der Überwindung der Anfechtung dann am nächsten, wenn wir uns in den Willen Gottes legen und unterschreiben, dass denen, die Gott lieben, alle Dinge zum Besten dienen.

Eine Gefahr des Alters ist auch die Einsamkeit. Enttäuschung der Lebenserwartungen in der Familie, an Menschen, denen wir vertrauten, kann uns depressiv machen. Das kann mancherlei Gründe haben. Die körperlichen Funktionen lassen im Alter nach; oft auch die geistige Spannkraft. Die Gefahr ist dann, dass man sich selbst als Mittelpunkt sucht und die Umwelt in einer gewissen Hysterie überfordert. In jedem Menschen liegt ein Abgrund verborgen; wer sich mit sich selbst beschäftigt, lebt immer wie im Schwindel aus einer verborgenen Lebensangst. Diese Einsamkeit kann nur in der Gemeinsamkeit mit dem auferstandenen Christus überwunden werden. Im dauernden Bezugswechsel zu ihm überwinden wir uns selbst. Wer diese geistliche Ausgeglichenheit zwischen innen und außen in Christus findet, strahlt eine Wirklichkeit aus, die gelebtes Zeugnis ist. Man ist im Alter arm, wenn man ohne Auftrag lebt. Natürlich liegt unser Auftrag bis zuletzt im Familienbezug, in dem Offensein für die Fragen unserer Umgebung, in dem »am Ball bleiben« auch mit der Gegenwart. Mir will aber scheinen, dass die betenden Hände, die gelebten Stoßseufzer, am Tage und in wachen Stunden der Nacht ein besonderer Auftrag für die alternden Jahre sind. Die enteilende Zeit ruft nach erfüllter Ewigkeit. Nur wer im eigenen Willen sich selber sucht und sieht und im Alter nur Nachholbedarf in der Lebenserwartung sucht, wird nicht die Prägung zu einer geisterfüllten Persönlichkeit finden. Letztere prägen die Umwelt nicht durch ihr Sosein, sondern durch ihr Dasein.

Begegnungen in meinem Leben mit solchen geistgeprägten Persönlichkeiten haben mich entscheidend ausgerichtet. Was wir sind, bleiben wir ihnen immer schuldig. Wie oft bin ich gereiften alten Menschen begegnet, vor denen man sich in Ehrfurcht verneigte, weil sie die Mitte und der Quellgrund für ihre gesamte Umgebung waren. Wer sein Alter in geheiligter Natürlichkeit, in geschenkter Demut und der Bescheidung, die das Wissen um die Todesgrenze gibt, mit Jesus lebt, hinterlässt eine Spur, die der Grabessand nicht verweht. In einer Zeitstunde, wo die Tradition schwindet und das Saatgut des Gotteswortes in Schule und Elternhaus oft nicht mehr

Wurzelboden findet, ist es die Aufgabe von uns Alten, in die Herzen der Enkel und der Kleinen etwas hineinzusäen, was aufgeht und zur Frucht wird, wenn der Heilige Geist es zum Glauben erweckt.

Bei sterbenden Kameraden, auf dem Schlachtfeld des letzten Krieges, habe ich erlebt, dass sie Gebete sterbend seufzten, die sie die Großmutter gelehrt hatte. Unvergesslich sind mir die Gebete, die mir selber von meinen Großeltern mitgegeben wurden. Unser Auftrag im Alter fordert uns in diesem Sinne immer mehr. Alles in unserem Leben ist Saat, alles wird einmal Ernte.

Ein heiliger Auftrag des Alters liegt darin, in der rechten Rangordnung zu denken und zu handeln: »Dass uns werde klein das Kleine und das Große groß erschiene.« Was das Alter der Jugend voraus hat, ist die Erfahrung. Erfahrung, die, wenn sie fruchtbar geworden ist, uns zu einer Weite in Gütigkeit und im Mitleiden der Nöte anderer ausprägt. Das Alter macht in diesem Sinne hörend und sehend. Alte Menschen, die gestanden sind, sind für die Umgebung bedeutsam, weil sie eine ausgleichende Gerechtigkeit vermitteln. Wer im Alter sein Leben mit Gott erfüllt, scheidet zwar lebenssatt, aber nicht lebensüberdrüssig von dieser Welt. Er lebt vor den Toren der Heimat und wartet auf die Vollendung. Unser Bürgerrecht ist im Himmel. Eine Mitmenschlichkeit, die das ausklammert, versündigt sich an der krisengeschüttelten Gegenwart.

An dem Sterbebett von Corrie ten Boom, als sie mich um den Segen bat, wurde mir erneut bewusst, dass uns das im Herrn ausgereifte Alter zum Segnen beruft und auch bevollmächtigt. Der Herr möge dir, lieber Bruder, liebe Schwester, die ihr mit mir auf der Altenbank sitzt, die segnenden Hände schenken, die ohne Mühe reich machen. Nichts sucht die Welt mehr in ihrer grenzenlosen Armut als die segnende Hand des lebendigen Gottes, die in Jesus Christus, wie Luther sagt, aus der Hölle in den Himmel heben kann.

Als Michelangelo in der Sixtinischen Kapelle sein Lebenswerk schuf, malte er als Erstes die segnenden Hände Gottes. Alles wahrhaft Geniale setzt dieses Wissen voraus. Ein sterbender Krüppel in Bethel hat noch mit leuchtenden Augen geseufzt, indem er auf das Bild von Bodelschwingh wies: »Seine Hand hat mich gesegnet.«

Herr, gib uns Alten das Geheimnis des Segnens. In diesem Auftrag erfüllt und vollendet sich unser Leben. »An Gottes Segen ist alles gelegen.«

Erfüllen wir Gottes Willen?

Es kommt in unserem kurzen, enteilenden Leben nicht darauf an, dass wir große, in die Augen fallende Taten oder Werke vollbringen. Es kommt allein darauf an, dass wir Gottes Willen erfüllen. Weil wir den eigenen Willen leicht mit dem Willen Gottes verwechseln können, ist es notwendig, dass wir unsere Entscheidungen ernstlich überprüfen und fragen: »Was willst du, Herr, dass ich tun soll?« Eine Selbsttäuschung in unserer Wahl liegt immer dann sehr nahe, wenn wir nicht nach der Frucht, sondern nach Erfolg fragen. Nur das sterbende Leben im Eigenen erweckt zum ewigen Leben. Gerade hier liegt in unserem natürlichen Wunschtraumdenken eine Gefahr. Es kann sein, dass 40 Jahre Schafe hüten wie bei Mose für die Frucht entscheidender ist, als wenn man wie Kain große Städte baut und am Ende im Leerlauf endet. Alles Gleisnerische und alles Tun, was unser Ich auf den Thron hebt, sollte auf den Willen Gottes hin überprüft werden. Bezzel sagt: »Glänzende Christen sind oft zweifelhafte Jünger.« Allerdings sollten wir sehr darauf achten, dass es eine getarnte Demut gibt, hinter der sich ein hoffärtiges Wesen leicht verbergen kann. Die Nachfolge Jesu macht von Herzen demütig. Das hebt aber keineswegs das Selbstbewusstsein auf. Ein Christentum, das kein Rückgrat hat, ist noch lange nicht gelebte Demut.

»Gott will, dass allen Menschen geholfen werde und sie zur Erkenntnis der Wahrheit kommen.« Diese Wahrheit ist in Jesus Christus erfüllte Wirklichkeit geworden. Wir erfüllen dann den Willen Gottes, wenn wir in Wort, Werk und allem Wesen aus diesem Bezug leben. Dabei ist völlig uninteressant, welche Aufgabe wir erfüllen. Es ist nicht immer leicht, den Willen Gottes, besonders in den Alltagsbezügen unseres Lebens, zu erkennen. Wenn ich früher nicht wusste, was mein Vater, der sehr wortkarg war, wollte, dann ging ich nahe an ihn heran, fasste ihn vielleicht beim Rock, schaute zu ihm auf und stellte die Frage so unmittelbar, dass ich im Auge den Spiegel seines Herzens lesen konnte. Während ich fragte, redete er dann nicht mit dem

Mund, sondern in seinem Auge konnte ich ablesen, in welcher Richtung sein Rat lag.

Wer immer ein Geheimnis mit Jesus lebt, wird Stunden kennen, in denen er im Wagnis dieses Blickwechsels die Antwort Gottes nimmt und findet. Freilich gibt es keine Patentlösung. Es kann sein, dass wir in manchen Fragen lange auf Antwort warten müssen. »Und ob es währt bis in die Nacht und wieder an den Morgen, doch soll mein Herz an Gottes Macht verzweifeln nicht noch sorgen. So tu Israel rechter Art, der aus dem Geist erzeuget ward, und seines Gotts erharre.« Dieses Erharren des Willens Gottes wird uns oft schwer und geht nicht ohne Anfechtung.

Eine besondere Gefahr scheint mir aus der Erfahrung meines Lebens darin zu liegen, dass wir unseren Wunschtraum zum Willen Gottes erheben. Kein Wunder, wenn dann Kurzschlüsse in der Führung kommen. Der Heilige Geist führt mehr in die Tiefe als auf die Höhen. »Wenn du mich demütigst, machst du mich groß.«

Am Schluss der Bergpredigt sagt der Herr: »Es werden nicht alle, die zu mir sagen: Herr,

Herr!, in das Himmelreich kommen, sondern die den Willen tun meines Vaters im Himmel« (Matthäus 7,21). Jünger Jesu sollten in dieser steten Abhängigkeit leben. Wer im Willen Gottes seines Weges gewiss ist, ist nicht von menschlichen Urteilen abhängig. Wir tragen Wasser in leere Gefäße, aber wir tun es im Glaubensgehorsam; dass aus dem Wasser Wein wird, wie einst auf der Hochzeit zu Kana, geschieht immer noch durch das schöpferische Wort unseres großen Herrn. Wenn unsere Umgebung merkt und weiß, dass wir nicht uns selber dienen, sondern dem, der für uns gestorben und auferstanden ist, dann wird das gelebte Zeugnis früher oder später Frucht.

Begegnungen mit Corrie ten Boom

Unter den Frauen, die mir im Laufe meines Lebens begegnet sind, hat Corrie ten Boom einen einmaligen Stellenwert. In ihrer geheiligten Natürlichkeit und in der Unmittelbarkeit ihres Glaubens muss sie jeder als Zeugin Jesu ernst nehmen. Ich wüsste in der Gegenwart keine Frau, die den Adel der Gotteskindschaft so überzeugend trägt, dass auch der Ungläubigste ihr die gelebte und gesprochene Botschaft abnehmen muss.

Als sie nach dem Kriege, körperlich und seelisch geschwächt vom Konzentrationslager Ravensbrück, nach Ahlden kam, beglaubigte Gott sie in meiner Gemeinde in vielen gesegneten Diensten. Noch höre ich ihre Worte, wenn sie die Pfarrhaustür öffnete: »Jetzt bin ich wieder zu Hause!« Ja, Ahlden war ihre zweite Heimat geworden. Als sie das erste Mal in Ahlden und den Außendörfern Zeugnis von ihrem Glauben gab, gab es ein unerwartetes Echo. Hier predigte eine Frau, die ihren Glauben in der Feindesliebe bewährte und die Hürden des Hasses unwiderstehlich durchbrach. Als Holländerin hatte sie mit ihrem Vater und ihrer Schwester verfolgte Juden versteckt. Als die Nazis das entdeckten, kostete es ihren Vater das Leben. Corrie und ihre Schwester Betsi kamen nach Ravensbrück, hier fand auch ihre Schwester den Tod.

War es da ein Wunder, dass ihr Herz hasserfüllt war auf ihre Feinde und Unterdrücker? War es ein Wunder, dass sie gelobte, nie für einen Deutschen einen Handschlag zu tun? Aber in dieser verzweifelten Not begegnete ihr der Herr in der Unwiderstehlichkeit seiner Liebe so, dass sie gelobte, das Gebot der Feindesliebe zur Erfüllung ihres Lebens zu machen.

In der geschenkten Unmittelbarkeit dieser Liebe Jesu sprach sie die Menschen in meiner Gemeinde so an, dass die Kirche nicht nur überfüllt war, sondern sich auch die Herzen laufend zur Seelsorge öffneten. Besonders fand sie den Zugang zu jungen Menschen. Als sie einmal nach einer Reise zum Besuch der Christen in Russland auf dem Ahldener Jugendtag sprach, wurde das für viele die Entscheidung für Jesus. Wie hat sie uns ergreifend berichtet, wie sie, schwer bepackt mit Bibeln, durch die russische Sperre gekommen sei. Wie hat sie uns erzählt von ihren Pfefferbüchsenpredigten. Was meinte sie damit? Nun, in ihren Zimmern fand sie immer im Fußboden eingebohrte Löcher, durch die man jedes Wort hören und aufnehmen konnte. Auch diese Gelegenheit benutzte sie, um zu bezeugen, was Jesus an ihr getan hatte.

Bei der verfolgten Gemeinde war sie im Grunde am liebsten. Bei ihren vielen Reisen plante sie am liebsten für den Osten. Wahrlich, sie war in Person das reisende Evangelium. Es mag eine ungelöste Preisfrage sein, ob es für einen Evangelisten richtig ist, nach dem Vortrag die Entscheidungsfrage zu stellen, ob man im Anspruch des erfüllten Augenblicks durch Jesus zu ihm Ja oder Nein sagen will. Corrie stellte diese Vertrauensfrage so, dass sie nicht als Überforderung empfunden wurde, sondern einfach die Erfüllung der gepredigten Botschaft war. Bei Corrie war der Augenblick ewigkeitsgeladen. Alles bei ihr war einfach und echt.

Von vielen Gesprächen und Erlebnissen mit Corrie könnte ich berichten. Sie gab auch im persönlichen Umgang immer sich selbst und lebte so in der Gegenwart des Herrn, dass der Übergang vom Wort zum Gebet oft ohne Zäsur geschah. Auf einer Pfarrkonferenz war ein Amtsbruder anwesend, der ein leidenschaftlicher Kettenraucher war. Ich sehe noch, wie er Beginn von Corries Vortrag die Zigarette in den Mund nahm und die Streichholzschachtel in die Hand, aber er wurde so von der Spannung des Vortrages gepackt, dass er bis zum Schluss vergaß, die Zigarette anzuzünden. Corrie konnte zeitlos sprechen, weil sie mit Jesus lebte.

Auch erinnere ich mich, wie sie nach einem Vortrag mit mir die Hände für zwei Mädchen faltete, die aus einem Außendorf von Ahlden kamen. Sie war seelsorgerlich nicht mit ihnen zurechtgekommen. Nach einiger Stille im Gebet sagte sie: »Ich bin gewiss, die Mädchen werden heute noch kommen.« Als ich sie kurz vor Mitternacht fragte, ob ich nicht jetzt die Türe schließen sollte, gab sie mir die Antwort: »Nein, sie werden kommen.« Im gleichen Augenblick klingelte es an der Haustür. Die Seelsorge wurde Anstoß zur ewigen Bewegung.

Die Wirkung ihrer Predigt konnte ich einmal an einem besonderen Ereignis ablesen. Eine Frau aus gutem Hause meldete in meinem Dienstzimmer ihr zweites uneheliches Kind an. Ich konnte mich nicht enthalten, ihr darüber ins Gewissen zu reden und ihr mit gesetzlicher Härte den Kopf zu waschen. Als die Frau mit hochrotem Kopf wegging, sagte meine Frau, die im Flur die laute Vermahnung mitgehört hatte: »Jetzt hast du das Kind mit dem Bade ausgeschüttet, in deinen Worten war keine Liebe, du wirst diese Frau in der Kirche nicht wiedersehen.«

So war es auch, bis Corrie eines Abends in der Kirche predigte. Wie erstaunt war ich, als nach dem Vortrag die gleiche Frau zu mir kam und mir sagte: »Ich bin dem Herrn Jesus begegnet und möchte meine Sünden beichten.« Erstaunt fragte ich: »Und Sie kommen zu mir?« Die Antwort: »Sie sind ja gar nicht so schlimm, wie Sie sich neulich gegeben haben.« Nun war ich aufs Tiefste beschämt und fragte sie, ob sie mir vergeben könne. »Wie konnte ich nur vergessen, dass die schlimmste Sünde der Pharisäismus ist. Der Erste, der beichtet, sind nicht Sie, das bin ich. Wir brauchen beide die Gnade des Gekreuzigten.« Einige Tage darauf kam sie zu mir und fragte, ob ich sie jetzt ohne Vergangenheit sehen könne. Wir gaben uns die Hand und ich konnte nur bewegt sagen: »Liebe Schwester in Christus.« Diese Frau wurde eine gesegnete Zeugin Jesu und auch sie ist eine Frucht der Predigt Corries.

Einmal haben meine Frau und ich Corrie in Holland besucht, als sie krank lag. Aber das unvergesslichste Erlebnis hatten wir bei unserer letzten Amerikareise, als wir in Los Angeles die teilweise gelähmte Corrie grüßen und besuchen durften. Nie ist mir die Grenznähe zur ewigen Welt so bewusst geworden wie am Leidensbett dieser 90-jährigen Jüngerin Jesu. Ihr sonst zerfurchtes Gesicht war ohne Falten zu einer Reinheit verklärt, die mich erinnerte an die Begegnung Jakobs mit den Engeln auf seiner Reise. Meine Frau und ich waren überwältigt und es war das tiefste und schönste Erlebnis unserer Amerikareise. Halbseitig gelähmt konnte sie nur noch hauchen im Gebet. Beglückt hielt sie meine Hand und strahlte uns an mit einer Abgeklärtheit, die uns zu Tränen bewegte. Sie bat mich um den Segen und bestellte Grüße an Diakon Wobker. Niemals habe ich ein Kranken- oder Sterbelager gesehen, das so Zeugnis für Christus ist wie das von Corrie. Nach all den vielen Reisen und der unendlichen Leidenschaft, in Liebe zu ihrem Heiland für andere verzehrt, war sie ausgereift für die himmlischen Scheunen.

Ihre Dienste in Ahlden bewirkten eine besondere Gemeinschaft und Verbundenheit mit meinem treuen Diakon und Mitarbeiter Wilhelm Wobker. Er hat mit ihr die mancherlei Reisen festgelegt, ihr Konto verwaltet und die Korrespondenz in Deutschland geleitet. Er steht ihr nah wie kaum ein anderer. Auch sein Einsatz war nicht vergeblich.

Auch ich bin dankbar, wenn ich an die Begegnungen mit Corrie denke. Wenn ich manchmal theologische Probleme mit ihr besprach, legte sie die Hand auf meine Schulter und sagte: »Sieh mal, bei Jesus gibt es keine Probleme. Ihr in Deutschland habt die beste Theologie, aber den geringsten Glauben. Der Glaube ist ganz einfach, er vertraut und nimmt.«

In dieser Einfalt habe ich sie oft bewundert. Sie konnte plötzlich sagen: »Ich bin müde und will zehn Minuten schlafen.« Und siehe da, sie schlief ein und wachte nach zehn Minuten frisch und fröhlich auf.

Bei ihr stimmte das Wort: »Den Seinen gibt es der Herr im Schlaf.« Unvergesslich ist mir auch der anschauliche Unterschied, den sie machte zwischen Autochristen und Straßenbahnchristen. Als Autochristen bezeichnete sie die Christen, die auf ihrem Glaubensweg immer wieder geistlich auftanken, immer von Konferenz zu Konferenz leben und dann wieder im Leerlauf stehen. Straßenbahnchristen waren für sie alle die, die immer mit Jesus verbunden und in beständiger Gemeinschaft mit ihm leben.

Korrektur wurde mir auch ihr Wort: »Wir

brauchen keinen großen Glauben, sondern einen großen Herrn.«

Wer immer mit Corrie ten Boom zusammen war, begegnete in ihr einer Frau, die anschaulich machte: »Ich lebe, doch nun nicht ich, sondern Christus lebt in mir.« Corrie machte es leicht, an Christus zu glauben. Die Segensspuren, die sie hinterließ, auch in unserem Land, das an ihr schuldig geworden ist, sind und bleiben Zeichen der Wirklichkeit ihres Herrn. Und die Erfüllung? Ich sehe sie in dem Prophetenwort: »Die Verständigen werden leuchten wie des Himmels Glanz, und die viele zur Gerechtigkeit weisen, wie die Sterne immer und ewiglich.«

Dienst oder Nachfolge?

»Der Herr Jesus hat viele Diener, aber wenige Nachfolger.« Dieses Wort eines unserer Glaubensväter hat überzeitliche Gültigkeit. Wir tun gut zu fragen, was die Kennzeichen für Diener Jesu oder seine Nachfolger sind.

In einem Urlaub waren wir in mancherlei Ländern. Da passierte es bei allen möglichen Gelegenheiten, dass man mit freundlicher Willigkeit bereit war, uns zu helfen. Ehe wir uns versahen, hatte man schon unsere Koffer in der Hand und schnell waren sie am gewünschten Ort. Wie erstaunt waren wir aber, wenn wir oft den über Gebühr hohen Preis zahlen mussten. Die Dienstwilligkeit war im Grunde Berechnung gewesen.

Was folgt daraus? Ein Diener arbeitet um Lohn. Er erfüllt sein Soll nach Tarif. Auch die Freundlichkeit ist berechnet und in das Lohnverhältnis eingebucht. Wenn nicht alles trügt, sind auch unsere gläubigen Kreise, ganz gleich, welche fromme Uniform sie tragen, in einer erschreckenden Weise in die gleitende Inflation des Lohndenkens gekommen.

Johannes Busch klagte mir einmal, dass er oft in Kreise komme, in denen ihm nicht klar sei, ob sie zum Dienst oder zur Nachfolge Christi angeheuert seien. Jedes dienstliche Denken im Reiche Gottes bremst. Wer nur die eigene Ehre, den eigenen Erfolg sucht, hat seinen Lohn dahin. Wir sollten deshalb auch bei allen Veranstaltungen, bei denen kirchliche und freikirchliche Kreise gemeinsam um Erweckung beten und sie mit Ernst suchen, wohl darauf achten, dass wir das nicht fromm berechnend tun. Ebenfalls sollte die Kirche darauf achten, dass sie sich nicht von der goldenen Kette abhängig macht, solange ihre Steuern noch vom Staat eingezogen werden.

Wenn unsere Dienstfreudigkeit und Willigkeit an Alltag und Sonntag geheim und offenbar in einem Denken wurzelt, das Selbstbezug ist, bremsen wir den erwecklichen Aufbruch. Nur der Gottesdienst wird von Gott anerkannt (Römer 12,1–1), der seine Dienstwilligkeit in der Opferwilligkeit empfängt. Die Ewigkeit wird erweisen, dass unser

Leben kein Gramm Vollmacht mehr hat, als wir unter dem Kreuz Christi bußwillig mit Bettlerhänden empfangen haben. Hier liegt das Geheimnis der Frucht.

Nur die Opferwilligkeit, die sich im Gottesdienst Christi, der in Bethlehem anfing und sich am Kreuz vollendete, unendlich reich beschenkt weiß, wird in der schuldnerhaften Verpflichtung des Dankes zur Nachfolge Christi. Nur wer sich selbst verlor, hat Christus gewonnen. Es kommt deshalb in unserem Dienst nicht so sehr darauf an, was wir tun, sondern wie wir es tun und für wen wir es tun. Die Letzten werden die Ersten sein, wenn sie im Kleinsten und Geringsten nicht die eigene Ehre, sondern die Ehre Jesu suchen. Das schließt nicht aus, das wir auch in unseren Glaubenswerken darauf bedacht sein müssen, dass jedem Mitarbeiter das wird, was ihm zukommt. Das Wichtigste aber für die Nachfolge ist, dass wir nicht Menschen, sondern dem Herrn dienen – dienen im Opfergang der Nachfolge.

Wenn wir in Buße und Bekehrung den Opfergang auf dem schmalen Weg der Nachfolge gewählt haben, ist unser Leben schuldnerhafte Verpflichtung. Es wird leicht vergessen, dass Nachfolge Verlust der eigenen Mitte bedeutet. Nicht unsere Wünsche und Träume stehen zur Debatte, sondern Gottes Wille und Plan und dass »sein Reich auch durch uns komme und sein Name auch durch uns geheiligt werde«. Je mehr wir nach diesem Gesetz Christi wandeln, wird auch für den, der Gott am fernsten steht, unser Leben ein Erweis der Nachfolge.

Es hat mich tief beeindruckt, dass ein Mann von Format, Hermann Bezzel, bekennt, dass er vor nichts so Angst habe als vor seinem ungebrochenen Ich, dass die Nachfolge durch nichts so gestört würde als durch das Wunschdenken im Eigenen.

Es wird berichtet, dass man von dem Herrn Jesus sagt: »Kommt, lasst uns zur Freundlichkeit gehen.« Ist es nicht so, dass der keusche Schmelz einer von Gott geschenkten Freundlichkeit die Eiskrusten menschlicher Vorbehalte mehr auftauen lässt als lange Reden ohne überzeugende Kraft?!

Kürzlich war ich in einem Werk, das einmal von Schwester Eva von Tiele-Winckler gegründet wurde. Der Geist der Nachfolge, der jetzt dort noch regiert, wurde für mich zu einer neuen Begegnung mit dieser begnadeten verewigten Frau. Zur Nachfolge Jesu gehört somit der Blick vom Eigenen weg auf den großen Herrn. Das Geheimnis der gelebten Gemeinschaft mit ihm wird umso gewisser zur Frucht, je mehr wir erkannt haben, dass wir in der Nachfolge ohne ihn nichts tun können. Der Herr schenke uns, und das sei unsere Bitte, in Kirche und Volk wieder ein Denken, durch das das Geheimnis der Nachfolge sich beweist in Einsatz und Opfer. Der Herr wurde arm, dass wir durch seine Armut reich würden. Wir werden Christi Jünger und Nachfolger als die Armen, die doch viele reich machen, und als die nichts innehaben und doch alles haben.

Wie reagieren Christen?

Die Schweizer sind höfliche Leute. Seitdem mir eine unliebsame Sache in der Kirche zu Kesswil passiert ist, habe ich sie zum Vorbild genommen. Wie verhielt sich diese Begebenheit? Ich war vor vielen Jahren bei Pfarrer Gutscher zur Evangelisation in Kesswil. Mit Begrüßung und Musik wurde ich am ersten Abend in der Kirche empfangen. Nun ist es in der Schweiz Sitte, dass man beim Lied vor der Predigt auf die Kanzel geht und sich dort auf einen Stuhl niederlässt. Die neue Kanzel aber hatte einen Klappstuhl. Als ich mich während des Liedes mit voller Wucht auf den Stuhl setzte, knackte er ab und ich verschwand in der Tiefe der Kanzel. Als ich wieder erschien, war ich angenehm erstaunt, dass die Gemeinde das ohne jede Notiz zur Kenntnis genommen hatte. Sie sang bei dem Ereignis, ohne aufzublicken, als ob nichts geschehen wäre, in gleicher Lautstärke weiter.

Nachdem ich meine Verhaltensweise überlegt hatte, sagte ich bei der Begrüßung, dass, wie jedermann bemerken könnte, ich das körperliche Gewicht zweifellos mitgebracht hätte. Wir wollten Gott bitten, dass er auch das geistliche Gewicht schenke. Erst dann ging ein Lächeln über die Gesichter der Eidgenossen. Meine Verhaltensweise wäre in einem solchen Augenblick, wenn das einem anderen passiert wäre, anders gewesen. Ich hätte laut gelacht. Höflichkeit ist beherrschte Reaktion.

Vor einiger Zeit war ein Kreis gläubiger Leute bei uns im Rüstzentrum. Ein Bauernsohn kam unter anderem zum Glauben. Er war in seinem Temperament sehr impulsiv. Als er in Gegenwart der anderen mir einmal in seiner Art einen Bericht gab, rutschte ihm unbedacht ein Fluch über die Lippen. Einige junge Christen wollten ihn sofort korrigieren. Dem einen trat ich auf den Fuß, dem anderen gab ich einen sanften Bauchschlag. Meine Handlung blieb dem jungen Freund nicht verborgen. Er ging verlegen davon. Nach einer halben Stunde kam er zu mir ins Zimmer. Das Wort blieb ihm fast im Halse stecken, als er sich entschuldigte. Verstehend und lieb habe ich ihn in den Arm genommen. Es tat ihm wohl, als ich ihm sagte: »Solche Unarten verliert man nicht so leicht, sie werden noch einige Male vorkommen.« Aber wenn die Sünde sündig wird, gibt der Herr, der uns überführt, auch die Kraft, die Untugend zu lassen.

Vor einiger Zeit sagte mir ein Mann der Kirche, dass seine Frau ihn je und dann korrigiere. Aber er habe ihr gesagt, sie möge das nicht unmittelbar nach einem Fehler und vor Kaffee und Kuchen tun, sondern erst, wenn die eigene Reaktion sich gefangen habe.

Mir will scheinen, es ist Akt christlicher Höflichkeit, dass man bei Fehlern des anderen nicht aus dem augenblicklichen Empfinden reagiert. Der andere weiß meistens schon selbst, dass er einen Fehler gemacht hat. Je und dann denke ich an das Wort des Herrn, das er seinen Jüngern sagte: »Ich habe euch noch viel zu sagen; aber ihr könnt es jetzt nicht ertragen.«

Das göttliche Kind

Ein neugeborenes Kind wird in einer Familie schnell zum Mittelpunkt. Wer kann an der Wiege eines Kindes vorübergehen, ohne einen Blick auf das erwachende Leben zu tun? Es erschien mir oft so an Taufsonntagen, wenn eine Vielzahl von Kindern mit ihren Müttern und Paten vor mir stand, als ob alle Kinder gleich aussähen. Und doch, jede Mutter erkennt ihr Kind genau.

Wie erst sollte es möglich sein, in der Vielzahl der Kinder das Christkind zu erkennen? Freilich, in unzähligen Mythen und Sagen ist die Geburt des göttlichen Kindes vorausgeahnt worden. Die vierte Ekloge von Vergil ist mir dafür immer ein beredtes Zeugnis. Die Geburt Jesu wurde der Mittelpunkt der Weltgeschichte, die erfüllte Wirklichkeit.

Die Hirten erkannten das göttliche Kind daran, dass ihnen gesagt wurde: »Und das habt zum Zeichen: Ihr werdet finden das Kind in Windeln gewickelt und in einer Krippe liegen.« Der alte Simeon entdeckte in diesem

Kind das Zeichen Gottes, die Geschichtserfüllung und Enthüllung: »Siehe, dieser ist gesetzt zum Fall und zum Aufstehen für viele in Israel und zu einem Zeichen, dem widersprochen wird.«

Wie stehen wir zur Geburt des Jesuskindes? Wer Weihnachten feiert, ohne das Christkind zu entdecken, lebt sein Leben in Selbsterfassung. Er ist bettelarm, auch wenn er im Komfort erstickt. Wer dem Christkind begegnen will, muss niederknien und bei der Entdeckung, dass uns die Göttlichkeit in der Menschlichkeit in Jesus begegnet, sich das Staunen der Anbetung schenken lassen. Nachdem Gott manchmal und auf mancherlei Weise gerufen hat, sagt der Hebräerbrief, hat er zum Letzten gerufen in seinem Sohn. Aus ewigen Träumen streckt er Hände zur Welt, die er erschuf, dass eine Menschheit heimwärts fände, die er im Sohn noch ruft.

Was würden uns zu Weihnachten alle Geschenke der Welt nützen, wenn Gott uns nicht durch sein Kind beschenkt und aus dem Teufelskreis von Sünde und Schuld und unserer Selbstanbetung und Verwirklichung befreit hätte? Erfüllte Wirklichkeit entdeckt man nur an der Krippe des Jesuskindes. Die Krippe von Bethlehem ist das Weihnachtsgeschenk Gottes für die Ärmsten der Armen. Alles Große und Geniale offenbart das Kindhafte. Die größte und genialste Offenbarung aber ist Jesus Christus, die Krippe von Bethlehem. Gott selbst wird arm, dass wir durch seine Armut reich würden.

Nimm dies Geschenk an, heute und jetzt. Danke Gott für seine unaussprechliche Gabe und verkündige es allen, die in Verzweiflung und Anfechtung eine Begegnung mit Gott suchen: »Uns ist ein Kind geboren, ein Sohn ist uns gegeben und die Herrschaft ruht auf seiner Schulter; und er heißt Wunder-Rat, Gott Held, Ewig-Vater, Friede-Fürst« (Jesaja 9,5).

Die Stunde verschlafen

Unter den Gemälden von Rembrandt ist mir der Gethsemane-Christus der erschütterndste. Was Verzweiflung ist, was Einsamkeit bedeutet, ja die Grenzfrage der menschlichen Existenz überhaupt lese ich aus diesem Gemälde des großen Meisters ab. »Könnt ihr nicht eine Stunde mit mir wachen?«, das war die Frage Jesu. Haben wir es gekonnt?

Es ist so leicht, den Jüngern den Schwarzen Peter in die Schuhe zu schieben. Aber sind wir ein Haar besser? Das Gethsemane-Geschehen hat eine Gleichzeitigkeit, die nicht zu übertünchen ist. An der Grenze der Einsamkeit, die der Tiefpunkt aller Verzweiflung ist, haben wir dem Sohn der Ewigkeit die Gemeinsamkeit versagt. Wenn man die Stunde der Bewährung verschläft, hat man alles verschlafen. Wenn man die Frage aller Fragen nicht ernst nimmt, hat man die Sinnfrage des Lebens nicht begriffen.

Die Passion Jesu in Gethsemane ist deshalb so bedeutsam, weil hier Gott selbst in Jesus

Christus, wie Camus sagt, in die Grenzfrage unserer menschlichen Existenz so einging, dass er uns erlöste, indem er uns erlitt. Luther hat gesagt: »Die Frage Christi am Kreuz ›Mein Gott, warum hast du mich verlassen?‹ beinhaltet die Erfüllung einer Wirklichkeit: Gott, von Gott verlassen, wer kann das fassen?« Jesus fühlte sich nicht von Gott verlassen, er war von Gott verlassen. An dieser Frage hängt für mich die Erlösung. Wenn das nicht Wirklichkeit wäre, würde ich vielleicht in meiner Lebens- und Todesangst verzweifeln. Nein, das Unausdenkbare ist Wirklichkeit geworden. Das Warum meines Lebens hat Gott selbst durchlitten und durchgestanden bis zum »Es ist vollbracht« im Heute der Gnade.

Dic reformatorische Gewissheit, wie Dürer sie dargestellt hat in »Ritter, Tod und Teufel«, liegt in diesem Geheimnis des Sieges Jesu. Er war der Allerverachtetste und Unwerteste. Er hat die Höllentiefe aller Einsamkeit durchlitten und durchgestanden. Bezzel sagt: »Er kennt alle Fata Morganen unserer Selbsttäuschung und war in der Wüste aller Wüsten.« – »Er ist versucht worden in allem wie wir, doch ohne Sünde.« Deshalb sein Triumph im Heute der Gnade. Jesus ging in die Versuchung aller Versuchungen hinein, als er unsere Sünde wurde, damit wir würden Gerechtigkeit Gottes; und wir ließen ihn allein.

Auf den Schlachtfeldern habe ich erlebt, dass es sterbenden Kameraden auf dem Hauptverbandsplatz ein Trost war, wenn ich ihnen noch die Hand drückte; wenn ich ihnen einen Kuss auf die Stirn gab; wenn ich sie einmal zart streichelte. Die letzte Einsamkeit sucht Gemeinsamkeit. Wir finden sie nur mit dem gottverlassenen Christus. »Er hat der Versuchung bis auf den Grund gesehen«, sagt Luther.

Rabbuni

Den Russen entkommen, suchte ich im Sommer 1945 die Heimat. Nach abenteuerlichen Wegen erreichte ich sie schließlich. Durch die Entbehrungen geschwächt, war ich im Grunde nur noch Haut und Knochen. Als ich den Ahldener Kirchturm endlich erblickte, kamen mir die Tränen der Freude. Ein Hindernis war noch vor dem Pfarrhaus. Die Brücke über die Aller war gesprengt. Endlich kam eine Fähre. Aber wie erschrocken war ich: Die ganze Fähre war voller Gemeindeglieder. Sollte mich denn kein Einziger erkennen? Als wir mitten auf dem Wasser waren, rief plötzlich die Mutter meines Frisörs: »Unser Pastor, unser Pastor!« Bei der Begrüßung lag die Fähre eine Weile still. Am Ufer angekommen, rannte die Frau voraus und rief meine Frau, die sie beim Erbsenpflücken fand. Vor Freude ließ meine Frau alles stehen und liegen und lief mir entgegen. Zehn Meter vor mir blieb sie stehen, entdeckte mein verändertes Aussehen und rief: »Bist du es oder bist du es nicht?« Ich nannte sie beim Namen, das genügte.

War es bei Maria Magdalena nicht ähnlich? Und doch hatte die Begegnung mit dem Auferstandenen, der Namensanruf, ein undeutbares Geheimnis. Der Gekreuzigte war der Auferstandene. Aber im Auferstehungsleib war nicht sofort die Leiblichkeit Jesu zu erkennen. »Wie wir getragen haben das Bild des irdischen (Menschen), so werden wir auch tragen das Bild des himmlischen«, sagt Paulus in 1. Korinther 15. Das Bild geht durch Grab und Sarg mit hindurch. Aber doch ist die verklärte Leiblichkeit anders als die Leiblichkeit von Fleisch und Blut, die das Reich Gottes nicht ererben kann.

Wie die Emmausjünger und manche anderen Auferstehungszeugen in dem Auferstandenen nicht augenblicklich den Gekreuzigten in seiner verklärten Leiblichkeit erkannten, so erging es auch Maria Magdalena. Erst der Namensanruf öffnete ihr die Tür zum vollen Osterjubel. Das Geheimnis der Person wird im Namen geweckt. Mit diesem Anruf begann die Geschichte bei Zachäus. Mit dem Namensanruf wird auch im Alten Testament das Geheimnis zwischen menschlicher und göttlicher Begegnung gedeutet: »Ich habe dich bei deinem Namen gerufen; du bist mein!« (Jesaja 43,1).

Wer immer mit einem betrübten und sorgenvollen Herzen nach Ostern hin sucht und fragt, wer immer, wie Maria, am offenen Grab weint und den Trost sucht, der allein durch die Begegnung mit dem Auferstandenen geschenkt werden kann, für den erbitte ich, dass der Herr ihn in seiner ungelösten Lebensfrage beim Namen rufen möge. Es ist ein Geheimnis, das auch heute noch erfahrbar ist, dass der Auferstandene uns in seinem Wort, wenn der Heilige Geist es aufschließt, so begegnen kann, dass wir uns durch Jesus gerufen wissen. Wer das Geheimnis von Ostern so erlebt, der kann nur in staunender Anbetung wie Maria stammeln: »Rabbuni, mein Meister!«, der nimmt wie Thomas die Ostergabe: »Mein Herr und mein Gott!«

Der Marschkompass

Im letzten Krieg schenkte mir ein sterbender Kamerad auf dem Hauptverbandsplatz seinen Marschkompass. Ich ahnte nicht, wie wichtig er mir einmal sein würde. Als wir mit unserer Truppe in der Tschechoslowakei die Kapitulation erlebten und sich alles chaotisch auflöste, machte ich mich zu Fuß auf den Weg nach Hause. Wenn ich aus Furcht vor den Partisanen oft nachts durch die Wälder wanderte, kein Stern am Himmel sichtbar war und es auch regnete und stürmte, wurde meine einzige Orientierung der Marschkompass. Er zeigte mir an, wo die Heimat lag. Das Gepäck, das behinderte, warf ich immer mehr weg. Mich beherrschte nur ein einziger Gedanke: »Komme, was da wolle, ich will nach Hause.«

Dieses Erlebnis ist mir eine Hilfe für die Deutung des Pfingstgeschehens. Wo wäre die Kirche geblieben in den Strömungen der Hölle, in den Stürmen des Zeitgeistes und der Vernebelung durch eine Theologie ohne Vollmacht, wenn der Marschkompass des Heiligen Geistes nicht immer wieder die rechte Richtung gezeigt hätte?

Wir glauben, dass wir nicht aus eigener Vernunft noch Kraft an Jesus Christus glauben oder zu ihm kommen können, wenn nicht der Heilige Geist uns beruft, sammelt, erleuchtet und bei Jesu Christo erhält.

Der Glaube an den Buchstaben der Bibel hat bewahrende Kraft. Aber die Errettung und Erneuerung ist nicht möglich ohne den Heiligen Geist. »Niemand kann Jesus einen Herrn nennen ohne durch den Heiligen Geist.«

Das Geheimnis der Erweckung enthüllt sich immer dann, wenn in der Verkündigung der Herr Jesus so gegenwärtig wird, dass man ihn als persönlichen Heiland ergreifen kann. Es ist das Größte und Schönste, was wir im Krelinger Rüstzentrum erleben, dass Gott sich seine Gemeinde und Kirche selber gebiert. Wenn der Heilige Geist den Herrn Jesus als Gottes- und Mariensohn verklärt, merke ich den Abstand; ich entdecke mich als verlorenen Sünder. Wenn der Heilige Geist mir das Kreuzesgeschehen klarmacht, ergreife ich die Hände, die Gott mir entgegenstreckt. Ich kann in der Gewissheit der Vergebung meiner Sünde ihn Vater nennen. Im kindhaften Vertrauen führt mich nun der Auferstandene durch das vom Heiligen Geist erhellte Wort bis zum Ziel hin.

Wird die Kirche wirklich vom Heiligen Geist geführt? Man kann genug Gründe dagegen bringen. Was waren das für Räubersynoden! Wie furchtbar war die Zeit der Inquisition! Wie schrecklich sind oft unter Christen, die die Hürde wichtiger nehmen als den Hirten, die Fronten verhärtet! Aber wir wollen getrost sein. Die Pforten der Hölle werden die Gemeinde Jesu nicht überwältigen. In der Verfolgung bewährt sich: Als die Sterbenden, und siehe, wir leben.

Vor einigen Jahren lagen wir mit einem Schiff vor dem Hafen von Venedig. Stunde um Stunde mussten wir im Sturm warten. Die Einfahrt war offenbar nicht möglich. Es fehlte der Lotse an Bord. Wie froh waren wir, als plötzlich ertönte: »Der Lotse ist an Bord!« Ob du das auch weißt, lieber Bruder, dass der Lotse an Bord ist? Wenn der Heilige Geist dir das Wort erhellt und das unendliche Vertrauen zu einem großen Herrn schenkt, ist dein Glaube zweitrangig. Je größer dein Herr, umso gewisser dein Weg.

Wir wollen die Sache Jesu nicht verteidigen, wir wollen sie bezeugen als Menschen, die wiedergeboren sind zu einer lebendigen Hoffnung. Der Heilige Geist bindet sich an das geoffenbarte Wort. Wir sind rückversichert für alle Lagen.

Die heilsame Not

Was war das für eine Nacht, von der der Evangelist berichtet (Matthäus 14,22–33): Sturm, Wogen, Orkan, der Wind dem Schiff entgegen! Eine Fahrt, bei der die Steuerung versagte. Aber das Unfassbare an dieser Fahrt war, dass Jesus selbst aus gutem Grund, der aber dem Verstand nicht ersichtlich war, zu dieser Fahrt gezwungen hatte. Warum?

Jesus hatte die 5000 gespeist. Sie waren alle satt geworden. Jesus hatte das soziale Problem, die Magenfrage, mit einigen Gerstenbroten gelöst. Die Begeisterung war groß. Das Volk wollte ihn zum König machen. Der Erlöser reiner Mitmenschlichkeit war erschienen. Erschienen war der Mann, in dem sich die natürliche Sehnsuchtshoffnung der Menschen erfüllt. Und die Jünger? Auch sie waren angesteckt von der Begeisterung. Endlich hatte Jesus von seiner Macht Gebrauch gemacht. Endlich schlug Gottes Stunde mit ihrem Wunschtraum zusammen: »Jesus muss König werden und wir seine begeisterte Gefolgschaft.«

Kein Wunder, dass die Mutter der Zebedaiden für ihre Söhne Johannes und Jakobus schon auf dem Weg war und aufpasste, dass die Felle nicht wegschwammen: »Herr, gib, dass meine Söhne zu deiner Rechten und Linken sitzen.« Und Jesus? Er zwang die Jünger zu einer Seefahrt. Er durchschaute die Gefahr. Fromme Begeisterung, die den eigenen Wunschtraum sucht, verliert die Spur der Nachfolge. Der idealistische Jesus ist nicht der gekreuzigte und auferstandene Jesus. Jesus selbst ging in die Stille. Er überwand die teuflische Anfechtung, Steine zu Brot zu machen. Eine Mitmenschlichkeit, die keine Hilfe für die Krankheit zum Tode bringt, ist gefährliche Selbsttäuschung. Eine Erlösung ohne Kreuz bedeutet Verrat an der Berufung des Menschen zur Heimat, zum Vaterhaus. Jesus zwang in den Sturm! O welch eine unverständliche und doch heilsame Korrektur!

Die ersten drei Nachtwachen waren ein Dunkel ohne Hilfe. Nirgends Rettung, nirgends Land vor des Sturmwinds Schlägen. Aber in, mit und unter Sturm, Wogen und

Orkan verflog alle Begeisterung. Wer den Tod vor Augen sieht, wird nüchtern. Der letzte Stoßseufzer der Not gebiert den Hilferuf: »Herr, erbarme dich!« Und es geschah: In der vierten Nachtwache (nachts um drei Uhr) kam Jesus. Er kam ganz anders, als die Jünger erwarteten. Er kam für den Unglauben als Gespenst, er kam für den Glauben als der Herr, der auf den Wassern des Meeres geht.

Die vierte Nachtwache ist im Orient der Übergang von der dunkelsten Stunde zum aufbrechenden Licht. Genau das ist die Grenze Gottes. Der Glaube weiß auch im Zweifel um das Geheimnis dieser Uhr Gottes. Je und dann werde ich gefragt, ob die Gemeinde Jesu der kommenden Trübsal entnommen würde. Ich wage es nicht zu behaupten. Wenn ich mein eigenes Leben recht deute, entdecke ich, dass Gottes Hilfe immer in der »vierten Nachtwache« kam. Die Trübsal, das Leid, die Not, die Sorgen bewirken den Anstoß, die Selbsttäuschung zu verlieren, die falschen Hilfen loszulassen und in allen Lagen zu wissen und zu beten:

»Wenn der Wellen Macht in der dunklen Nacht will des Herzens Schifflein decken, wollst du deine Hand ausstrecken. Hüter in der Nacht, habe auf mich acht.«

Das vorliegende Buch ist eine Auswahl aus: Heinrich Kemner, Der vergessene Krug. Erlebnisse und Gedanken, © 1984 Reinhard Kawohl Wesel, Verlag für Jugend und Gemeinde. Neben der Übertragung in neue Rechtschreibung wurden einzelne Verbesserungen vorgenommen.